Molly and the Mermaids

Molly et les Sirènes

Bilingual
ENGLISH/FRENCH
edition

Molly le lamantin veut partir en vacances.

Molly the sea cow wants to go on holiday.

Elle demande à son ami Rufus, la raie, s'il veut venir avec elle. « Bien sûr », dit-il.

She asks her friend Rufus, the stingray, if he wants to come with her. "Sure," he says.

Rufus est en train de jouer avec des hippocampes.

Rufus is just playing with some sea horses.

Pendant longtemps, ils nagent à travers l'océan. Soudain, ils rencontrent une petite sirène dans une robe rouge à pois blancs.

For a long time, they swim through the ocean. Suddenly, they meet a little mermaid in a red dress with white dots.

« Bonjour, petite sirène. Quel est ton nom ? demande Rufus.

"Hello, little mermaid. What's your name," asks Rufus.

- Je m'appelle Paula, dit la petite sirène.

"My name is Paula," the little mermaid says.

J'habite dans un merveilleux buisson de corail.
Vous voulez le voir ?

"I live at a wonderful coral tree.
Do you want to see it?"

- Bien sûr », disent Molly et Rufus.
Puis ils suivent Paula jusqu'au buisson de corail.
C'est vraiment beau.

"Sure," Molly and Rufus say.
Then they follow Paula to the coral tree.
That is really beautiful.

« C'est ma mère », dit Paula. Elle montre une sirène dans une robe verte à pois blancs.

"This is my mom," says Paula. She points to a mermaid in a green dress with white dots.

« La dame avec les cheveux gris est ma tante Henriette. La fille dans la robe violette est ma sœur Nelly.

"The lady with the grey hair is Aunt Henriette. The girl in the purple dress is my sister Nelly."

- Bienvenue dans le buisson de corail, crient les sirènes.

"Welcome to the coral tree," the mermaids cry.

Ensuite, Rufus fait une sieste et Molly nage au-dessus des coraux à côté du buisson de corail.

After that Rufus takes a nap, and Molly swims over the corals beside the coral tree.

« Ça chatouille si bien mon ventre », s'exclame Molly.

"That tickles so nicely on my tummy," Molly cries.

Puis Molly découvre une fleur.
C'est la plus belle fleur que Molly ait jamais vue.

Then Molly discovers a flower.
It is the most beautiful flower Molly has ever seen.

- C'est une Fleur Magique, dit Paula.

"That is a Magic Flower," Paula says.

Elle pousse seulement ici. Elle est la raison pour laquelle le récif corallien est si coloré. »

"It only grows here.
It is the reason why the coral reef is so colorful."

Mais, qu'est-ce que c'est ?
Un banc d'espadons apparait soudain.

But what is that?
A swarm of swordfish suddenly appears.

*

« Ils nous attaquent ! crie Paula.
- Attention ! Notre Fleur Magique ! les met en garde la mère de Paula.

"They attack us!" Paula shouts.
"Look out! Our Magic Flower!" Paula´s mom warns.

*

- Nous devons la protéger »,
dit tante Henriette.

"We have to protect it,"
says Aunt Henriette.

Une pieuvre géante apparaît.
Les espadons chassent Molly et les sirènes loin du buisson de corail.

A giant octopus appears.
The swordfish chase Molly and the mermaids away fom the coral tree.

*

La pieuvre vole la Fleur Magique !

The octopus is stealing the Magic Flower!

*

Mais où est donc Rufus ?

Where on earth is Rufus?

Seulement un instant plus tard,
la pieuvre disparaît avec les espadons.

Only a moment later, the octopus
vanishes with the swordfish.

Tout à coup, ça commence à sentir mauvais.
Qu'est-ce que c'est ?

Suddenly, it begins to stink.
What is that?

Puis Rufus apparaît.

Then Rufus appears.

Sur son dos est posé un poisson puant.

On his back sits a stinky fish.

Rufus n'a rien remarqué parce qu'il dormait. « Et pendant que je dormais, ce poisson appelé Stinky c'est assis sur mon dos, dit-il. Beurk !

Rufus did not notice anything because he was sleeping. "And while I was sleeping, this fish named Stinky sat down on my back," he says. Ugh!

« Comment pouvons-nous récupérer notre Fleur Magique ? demande tristement Nelly.

"How shall we get back our Magic Flower?" Nelly asks sadly.

- Nous suivrons l'odeur de la pieuvre, dit Paula. Nous les sirènes, nous avons de bons nez !

"We'll follow the scent of the octopus," says Paula. "We mermaids have good noses!"

Comme c'est vrai !

How true that is!

Ils suivent donc l'odeur de la pieuvre jusqu'à un vieux volcan.

So they follow the scent of the octopus. They find an old volcano.

À l'intérieur du volcan, ils observent la pieuvre avec ses amis les espadons.

Inside the volcano, they watch the giant octopus with his friends the swordfish.

Que comptent-ils faire avec la Fleur Magique ?

What are they planning with the Magic Flower?

Oh non !

La pieuvre veut planter la Fleur Magique dans la terre du volcan !

Oh no!
The octopus wants to plant the Magic Flower into the soil of the volcano!

- On devrait se déguiser, suggère Molly. «Prenez un vieux filet de pêcheur et mettez-le sur vos têtes.

"We should dress up," Molly suggests. "Take an old fish net and put it over your heads."

*

Les sirènes sautent par-dessus le cratère du volcan.

The mermaids jump over the crater of the volcano.

*

« À l'aide, des fantômes ! crie la pieuvre en s'échappant avec ses espadons.

"Help, ghosts!" cries the octopus and escapes with his swordfish.

La Fleur Magique est sauvée.

Elle est de retour sur le buisson de corail. Les sirènes sont très reconnaissantes, et elles organisent une grande fête. Et Molly et Rufus sont invités à rester et à faire la fête.

The Magic Flower is saved.

It is back at the coral tree. The mermaids are very thankful, and they have a big party. And Molly and Rufus are invited to stay and celebrate.

Quelle agréable compagnie !

What a wonderful company!

Published by planet!oh concepts, Hildegard von Bingen Allee 9, 50933 Cologne, Germany.

Cover and chapter illustrations by Buffy Biddle

Cover and interior design by Bea Balint, Emy Farella

www.ingoblum.com - First edition 2021

ISBN 978-3-947410-01-9

www.ingramcontent.com/pod-product-compliance
Ingram Content Group UK Ltd.
Pitfield, Milton Keynes, MK11 3LW, UK
UKHW062019030826
14089UKWH00033B/198
* 9 7 8 3 9 4 7 4 1 0 0 1 9 *